全新版

華語

第六冊

習作A本

流傳文化事業股份有限公司

全新版華語習作A本 第六冊

訂正							
生字	灰 ㄏㄨㄟ	免 ㄇㄧㄢˇ	拔 ㄅㄚˊ	根 ㄍㄣ	傷 ㄕㄤ	腦 ㄋㄠˇ	筋 ㄐㄧㄣ
部首 筆畫	火 6	儿 8	手 8	木 10	人 13	肉 13	竹 12
生字練習							

訂正							
生字	題 ㄊㄧˊ	壞 ㄏㄨㄞˋ	習 ㄒㄧˊ	慣 ㄍㄨㄢˋ	正 ㄓㄥˋ	盒 ㄏㄜˊ	情 ㄑㄧㄥˊ
部首 筆畫	頁 18	土 19	羽 11	心 14	止 5	皿 11	心 11
生字練習							

(一) 填一填：填入適當的詞語。

說一說　洗一洗　吃一吃　改一改　叫一叫　拔一拔

1. 吃飯前，你要先把手（　　）。
2. 花園裡有一些雜草，你可以幫忙（　　）嗎？
3. 弟弟上臺（　　）龜兔賽跑的故事。
4. 小強寫錯字，老師要他仔細的（　　）。
5. 我過生日時，媽媽請我（　　）紅蘿蔔蛋糕。
6. 只要我一回家，小狗就會對我（　　）。

(二)句型練習

雖然……卻……　不但……還……　……或許……

1. 弟弟（　　）會下圍棋，（　　）跟圍棋高手比賽呢！
2. 明天天氣好的話，（　　）我會去爬山。
3. 小明年紀（　　）很小，（　　）會幫忙媽媽做家事。
4. 我這次參加畫畫比賽，（　　）入選了，（　　）得優等獎呢！
5. 你喜歡上臺表演，（　　）可以參加話劇社。
6. 早上（　　）是大晴天，到了下午（　　）下雨了。

二 大美女和小美女

生字	注音	部首	筆畫
認	ㄖㄣˋ	言	14
除	ㄔㄨˊ	阜	10
津	ㄐㄧㄣ	水	9
講	ㄐㄧㄤˇ	言	17
復	ㄈㄨˋ	彳	12
育	ㄩˋ	肉	7
扯	ㄔㄜˇ	手	7

訂正 生字練習

生字	注音	部首	筆畫
鈴	ㄌㄧㄥˊ	金	13
招	ㄓㄠ	手	8
式	ㄕˋ	弋	6
圖	ㄊㄨˊ	囗	14
斷	ㄉㄨㄢˋ	斤	18
練	ㄌㄧㄢˋ	糸	15
拾	ㄕˊ	手	9

訂正 生字練習

(一)詞語練習

相反詞

1. 喜歡（　　）
2. 許多（　　）
3. 自動（　　）
4. 不斷（　　）
5. 笑哈哈（　　）
6. 洋洋得意（　　）
7. 津津有味（　　）

相似詞

1. 幫手（　　）
2. 美麗（　　）
3. 不但（　　）
4. 認真（　　）
5. 傷腦筋（　　）
6. 等一下（　　）
7. 洋洋得意（　　）

(二)寫一寫：詞語接龍，最後一組是三個字。

☆澆花 → 花園 → 園地 → 地球村

1\. 拖地 → (　) → (　) → (　)

2\. 扯鈴 → (　) → (　) → (　)

3\. 美女 → (　) → (　) → (　)

4\. 教學 → (　) → (　) → (　)

5\. 招式 → (　) → (　) → (　)

訂正

生字	主	丟	板	幕	布	娃	兵
注音	ㄓㄨˇ	ㄉㄧㄡ	ㄅㄢˇ	ㄇㄨˋ	ㄅㄨˋ	ㄨㄚˊ	ㄅㄧㄥ
部首	丶	一	木	巾	巾	女	八
筆畫	5	6	8	14	5	9	7

生字練習

訂正

生字	惜	醜	摔	脾	昂	赳	雄
注音	ㄒㄧˊ	ㄔㄡˇ	ㄕㄨㄞ	ㄆㄧˊ	ㄤˊ	ㄐㄧㄡ	ㄒㄩㄥˊ
部首	心	酉	手	肉	日	走	隹
筆畫	11	17	14	12	8	9	12

生字練習

(一)疊字詞的練習

微微的　重重的　慢慢的　輕輕的　柔柔的　粗粗的

1. 妹妹（　　）腿，有人笑她是蘿蔔腿。
2. 媽媽只是（　　）笑著，一句話都沒說。
3. 這件衣服摸起來（　　），真舒服！
4. 一陣（　　）腳步聲響起，大家都知道大象來了。
5. 姐姐說話的聲音（　　），大家誇她教養好。
6. 你要（　　）吃飯，才不會肚子痛。

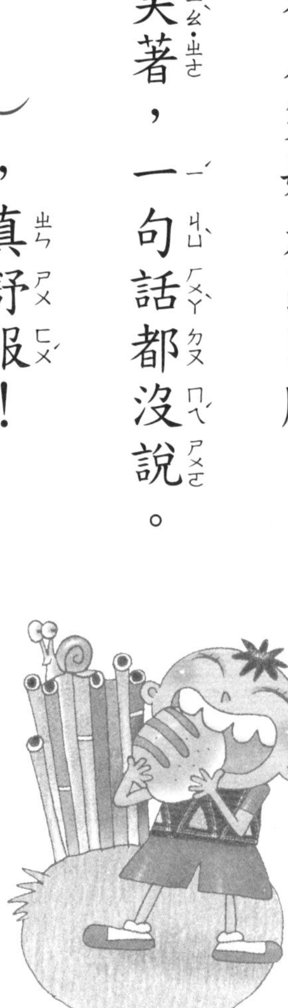

(二) 句型練習

只要……就……

1. 只要小主人能夠愛惜我們，我們就可以過著幸福快樂的日子。
2. （　　　　　　　　　　　　）
3. （　　　　　　　　　　　　）

假使……

1. 假使小主人的脾氣變好了，我們就不用過苦日子。
2. （　　　　　　　　　　　　）
3. （　　　　　　　　　　　　）

四 找東西

訂正

生字	注音	部首	筆畫
商	ㄕㄤ	口	11
袋	ㄉㄞˋ	衣	11
蜂	ㄈㄥ	虫	13
彷	ㄈㄤˇ	彳	7
知	ㄓ	矢	8
短	ㄉㄨㄢˇ	矢	12
印	ㄧㄣˋ	卩	6

生字練習

訂正

生字	注音	部首	筆畫
彿	ㄈㄨˊ	彳	8
細	ㄒㄧˋ	糸	11
仔	ㄗㄞˇ	人	5
觀	ㄍㄨㄢ	見	25
察	ㄔㄚˊ	宀	14
詳	ㄒㄧㄤˊ	言	13
辨	ㄅㄧㄢˋ	辛	16

生字練習

(一)詞語練習：加入形容詞。

一行腳印 → 一行（深深的）腳印

1. 一袋（　　　　）白米
2. 一瓶（　　　　）蜂蜜
3. 一個（　　　　）老人
4. 一隻（　　　　）蜜蜂
5. 一個（　　　　）玩具
6. 一陣（　　　　）小雨
7. 一場（　　　　）戰爭
8. 一位（　　　　）老師

(二)填一填：填入適當的詞語。

說明　明說　來回　回來　故事　事故

1. 他在街上（　　）的走著，要找一家速食店吃飯。
2. 哥哥出國留學兩年，終於拿到學位（　　）了。
3. 爸爸把進入博物館參觀的規則，向我們（　　）清楚了。
4. 你如果想要一輛機車，一定要向父母（　　）。
5. 妹妹是個說（　　）的高手，你相信嗎？
6. 開車時喝酒，很容易發生交通（　　）。

五、心得分享

【全新版】華語習作A本 第六冊

訂正							
生字	分(ㄈㄣ)	享(ㄒㄧㄤˇ)	華(ㄏㄨㄚˊ)	席(ㄒㄧˊ)	眉(ㄇㄟˊ)	悅(ㄩㄝˋ)	戲(ㄒㄧˋ)
部首／筆畫	刀 4	亠 8	艸 12	巾 10	目 9	心 10	戈 17
生字練習							

訂正							
生字	獵(ㄌㄧㄝˋ)	量(ㄌㄧㄤˊ)	捕(ㄅㄨˇ)	捉(ㄓㄨㄛ)	珍(ㄓㄣ)	盡(ㄐㄧㄣˋ)	護(ㄏㄨˋ)
部首／筆畫	犬 18	里 12	手 10	手 10	玉 9	皿 14	言 21
生字練習							

(一)填一填：利用疊字詞造句。

靜悄悄　嘩啦啦　香噴噴　淅瀝瀝　甜蜜蜜　笑嘻嘻

他賣的蘋果汁（甜蜜蜜）的，吸引很多路人來買。

1. 小雨（　　）的打在窗口上，我以為有人在敲門。
2. 小河（　　）的唱著歌，好像很快樂的樣子。
3. 剛烤出來的地瓜（　　）的，會令人流口水喔！
4. 下課了，同學（　　）的玩遊戲，真是快樂極了。
5. 教室裡面為什麼（　　）的？原來今天是星期天。

（二）選一選ㄒㄩㄢ：詞語意思相同的打○，不同的打╳。

1.

我ㄨㄛ·ㄉㄜ爸ㄅㄚ·ㄅㄚ在ㄗㄞˋ市ㄕˋ場ㄔㄤˇ做ㄗㄨㄛ 生ㄕㄥ意ㄧˋ 。

春ㄔㄨㄣ天ㄊㄧㄢ來ㄌㄞˊ了ㄌㄜ·，大ㄉㄚˋ地ㄉㄧˋ充ㄔㄨㄥ滿ㄇㄢˇ了ㄌㄜ· 生ㄕㄥ意ㄧˋ 。

2.

這ㄓㄜˋ個ㄍㄜ·謎ㄇㄧˊ語ㄩˇ很ㄏㄣˇ 容ㄖㄨㄥˊ易ㄧˋ 猜ㄘㄞ，大ㄉㄚˋ家ㄐㄧㄚ異ㄧˋ口ㄎㄡˇ同ㄊㄨㄥˊ聲ㄕㄥ說ㄕㄨㄛ出ㄔㄨ答ㄉㄚˊ案ㄢˋ。

有ㄧㄡˇ些ㄒㄧㄝ事ㄕˋ情ㄑㄧㄥˊ說ㄕㄨㄛ得ㄉㄜ· 容ㄖㄨㄥˊ易ㄧˋ ，做ㄗㄨㄛˋ起ㄑㄧˇ來ㄌㄞˊ卻ㄑㄩㄝˋ很ㄏㄣˇ困ㄎㄨㄣˋ難ㄋㄢˊ。

3.

畫ㄏㄨㄚˋ眉ㄇㄟˊ 之ㄓ樂ㄌㄜˋ是ㄕˋ形ㄒㄧㄥˊ容ㄖㄨㄥˊ夫ㄈㄨ妻ㄑㄧ感ㄍㄢˇ情ㄑㄧㄥˊ很ㄏㄣˇ好ㄏㄠˇ。

畫ㄏㄨㄚˋ眉ㄇㄟˊ 鳥ㄋㄧㄠˇ的ㄉㄜ·歌ㄍㄜ聲ㄕㄥ很ㄏㄣˇ動ㄉㄨㄥˋ聽ㄊㄧㄥ。

4.

我ㄨㄛˇ長ㄓㄤˇ大ㄉㄚˋ了ㄌㄜ·，我ㄨㄛˇ會ㄏㄨㄟˋ照ㄓㄠˋ顧ㄍㄨˋ我ㄨㄛˇ 自ㄗˋ己ㄐㄧˇ 。

我ㄨㄛˇ們ㄇㄣ·都ㄉㄡ是ㄕˋ 自ㄗˋ己ㄐㄧˇ 人ㄖㄣˊ，你ㄋㄧˇ不ㄅㄨˊ要ㄧㄠˋ說ㄕㄨㄛ客ㄎㄜˋ套ㄊㄠˋ話ㄏㄨㄚˋ了ㄌㄜ·。

六 漁翁和孩子

露 ㄌㄨˋ	術 ㄕㄨˋ	技 ㄐㄧˋ	釣 ㄉㄧㄠˋ	殼 ㄎㄜˊ	撿 ㄐㄧㄢˇ	翁 ㄨㄥ	訂正 / 生字
雨 21	行 11	手 7	金 11	殳 12	手 16	羽 10	部首 筆畫
							生字練習

餐 ㄘㄢ	條 ㄊㄧㄠˊ	僅 ㄐㄧㄣˇ	肯 ㄎㄣˇ	竿 ㄍㄢ	慕 ㄇㄨˋ	羨 ㄒㄧㄢˋ	訂正 / 生字
食 16	木 11	人 13	肉 8	竹 9	心 15	羊 13	部首 筆畫
							生字練習

(一)想一想：認識部首並造詞。

1. 手部
- 撿：（撿貝殼）（ ）
- 技：（ ）（ ）

2. 金部
- 釣：（ ）（ ）
- 鈴：（ ）（ ）

3. 人部
- 傷：（ ）（ ）
- 僅：（ ）（ ）

4. 羊部
- 羨：（ ）（ ）
- 義：（ ）（ ）

(二)句型練習

既然……就……

不僅……還……

如果……就……

1.（　　）你不想讀書，（　　）去學一技之長吧！

2.（　　）你能送我一輛腳踏車，我（　　）不必走路上學。

3.哥哥（　　）考上了大學，（　　）選上他最喜歡的數學系。

4.（　　）你要送我鞋，（　　）送我一雙慢跑鞋好嗎？

5.今年夏天（　　）很熱，（　　）常常缺水呢！

6.（　　）你要送我花，（　　）送我喜愛的玫瑰花。

							訂正
華 ㄏㄨㄚˊ	芳 ㄈㄤ	思 ㄙ	舉 ㄐㄩˇ	搶 ㄑㄧㄤˇ	吉 ㄐㄧˊ	讀 ㄉㄨˊ	生字
艸 12	艸 8	心 9	臼 16	手 13	口 6	言 22	部首／筆畫
							生字練習

							訂正
識 ㄕˋ	充 ㄔㄨㄥ	掌 ㄓㄤˇ	鼓 ㄍㄨˇ	烈 ㄌㄧㄝˋ	楚 ㄔㄨˇ	處 ㄔㄨˋ	生字
言 19	儿 5	手 12	鼓 13	火 10	木 13	虍 11	部首／筆畫
							生字練習

(一)寫一寫：請寫出部首，並造一個詞與一個句子。

讀 →（言）部 →（讀書）→（我們要多讀書才有知識。）

1. 書 →（ ）部 →（ ）→（ ）

2. 鼓 →（ ）部 →（ ）→（ ）

3. 掌 →（ ）部 →（ ）→（ ）

4. 知 →（ ）部 →（ ）→（ ）

5. 識 →（ ）部 →（ ）→（ ）

(二)想一想：請回答下面問題。

1. 好讀書的「好」是什麼意思？

2. 芳華說完，大家為什麼都熱烈鼓掌？

3. 同學們為什麼大聲回答老師說的話？

八 唐詩

生字	唐	百	欲	窮	千	里	目
注音	ㄊㄤˊ	ㄅㄞˇ	ㄩˋ	ㄑㄩㄥˊ	ㄑㄧㄢ	ㄌㄧˇ	ㄇㄨˋ
部首	口	白	欠	穴	十	里	目
筆畫	10	6	11	15	3	7	5

訂正

生字練習

生字	即	將	消	求	絕	言	渙
注音	ㄐㄧˊ	ㄐㄧㄤ	ㄒㄧㄠ	ㄑㄧㄡˊ	ㄐㄩㄝˊ	ㄧㄢˊ	ㄏㄨㄢˋ
部首	卩	寸	水	水	糸	言	水
筆畫	7	11	10	6	12	7	12

訂正

生字練習

(一) 詞語接龍

1. 唐詩 →（詩　）→（　）→（　）→（　）

2. 美景 →（景　）→（　）→（　）→（　）

3. 絕句 →（句　）→（　）→（　）→（　）

4. 意思 →（思　）→（　）→（　）→（　）

5. 禮物 →（物　）→（　）→（　）→（　）

6. 大海 →（海　）→（　）→（　）→（　）

(二)造句：每一題都由括號裡任選兩個詞語造句。

順著	意思
消失	高興
更遠	禮物
非常	容易
希望	明白
幾首	打開

打開、幾首→我打開~~唐詩三百首~~，選了幾首杜甫的詩讀一讀。

1.（　　）、（　　）→（　　）

2.（　　）、（　　）→（　　）

3.（　　）、（　　）→（　　）

4.（　　）、（　　）→（　　）

九 逛書店

生字	逛 ㄍㄨㄤˋ	捷 ㄐㄧㄝˊ	北 ㄅㄟˇ	潮 ㄔㄠˊ	異 ㄧˋ	類 ㄌㄟˋ	擺 ㄅㄞˇ
部首	辵	手	匕	水	田	頁	手
筆畫	11	11	5	15	11	19	18
生字練習							
訂正							

生字	旅 ㄌㄩˇ	童 ㄊㄨㄥˊ	科 ㄎㄜ	漫 ㄇㄢˋ	繪 ㄏㄨㄟˋ	離 ㄌㄧˊ	穫 ㄏㄨㄛˋ
部首	方	立	禾	水	糸	隹	禾
筆畫	10	12	9	14	19	19	19
生字練習							
訂正							

(一)想一想：發揮你的觀察力和想像力，你聯想到什麼與「書」有關的事物？

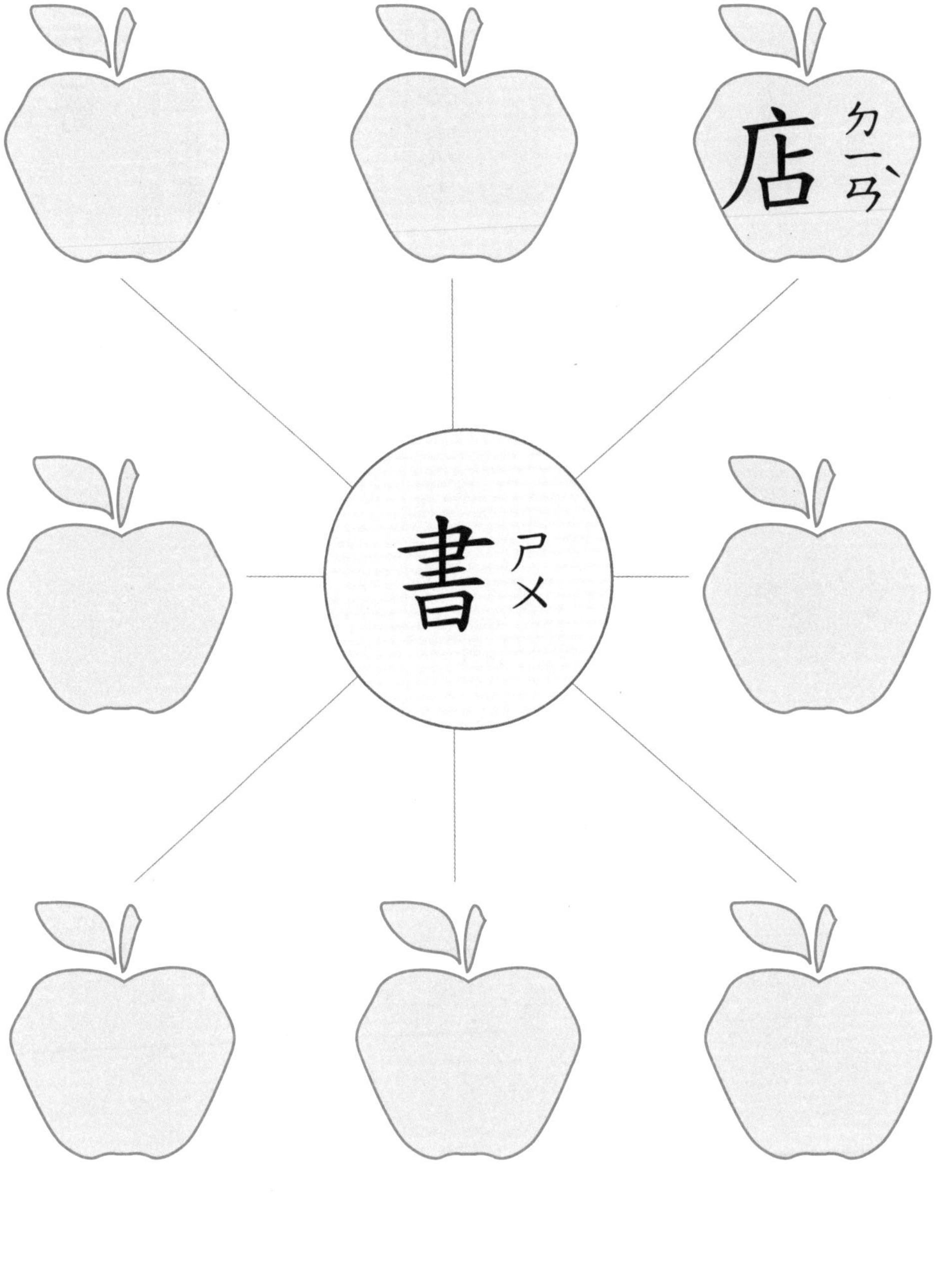

(二)擴充句子

1.
我們到<u>臺北車站</u>。
ㄨㄛˇ ㄇㄣˊ ㄉㄠˋ ㄊㄞˊ ㄅㄟˇ ㄔㄜ ㄓㄢˋ

（

）

2.
我們回答說：「好！」
ㄨㄛˇ ㄇㄣ˙ ㄏㄨㄟˊ ㄉㄚˊ ㄕㄨㄛ　　ㄏㄠˇ

（

）

3.
爸爸幫我買書。
ㄅㄚˋ ㄅㄚ˙ ㄅㄤ ㄨㄛˇ ㄇㄞˇ ㄕㄨ

（

）

4.
整個書店都是書。
ㄓㄥˇ ㄍㄜ˙ ㄕㄨ ㄉㄧㄢˋ ㄉㄡ ㄕˋ ㄕㄨ

）

訂正ㄉㄧㄥˋㄓㄥˋ 生字ㄕㄥㄗˋ	渴ㄎㄜˇ	嘴ㄗㄨㄟˇ	合ㄏㄜˊ	咬ㄧㄠˇ	膀ㄅㄤˇ	照ㄓㄠˋ	光ㄍㄨㄤ
部首ㄅㄨˋㄕㄡˇ 筆畫ㄅㄧˇㄏㄨㄚˋ	水ㄕㄨㄟˇ 12	口ㄎㄡˇ 15	口ㄎㄡˇ 6	口ㄎㄡˇ 9	肉ㄖㄡˋ 14	火ㄏㄨㄛˇ 13	儿ㄖㄣˊ 6
生字練習ㄕㄥㄗˋㄌㄧㄢˋㄒㄧˊ							

訂正ㄉㄧㄥˋㄓㄥˋ 生字ㄕㄥㄗˋ	趕ㄍㄢˇ	餓ㄜˋ	弱ㄖㄨㄛˋ	甘ㄍㄢ	苦ㄎㄨˇ	雖ㄙㄨㄟ	死ㄙˇ
部首ㄅㄨˋㄕㄡˇ 筆畫ㄅㄧˇㄏㄨㄚˋ	走ㄗㄡˇ 14	食ㄕˊ 16	弓ㄍㄨㄥ 10	甘ㄍㄢ 5	艸ㄘㄠˇ 9	隹ㄓㄨㄟ 17	歹ㄉㄞˇ 6
生字練習ㄕㄥㄗˋㄌㄧㄢˋㄒㄧˊ

十 蚌和水鳥

(一)形近字練習：寫上注音、部首，並造詞。

1.
- 渴　ㄎㄜˇ　（水）部 →（口渴）
- 喝　（　）部 →（　）

2.
- 雖　（　）部 →（　）
- 難　（　）部 →（　）

3.
- 餓　（　）部 →（　）
- 鵝　（　）部 →（　）

4.
- 咬　（　）部 →（　）
- 交　（　）部 →（　）

5.
- 魚　（　）部 →（　）
- 漁　（　）部 →（　）

(二)替換語詞

我 曬曬 太陽 真 舒服！

水鳥 高興的 拍拍 翅膀。

十一 狐狸和葡萄園

訂正

生字	注音	部首	筆畫
狐	ㄏㄨˊ	犬	8
狸	ㄌㄧˊ	犬	10
葡	ㄆㄨˊ	艸	13
萄	ㄊㄠˊ	艸	12
聰	ㄘㄨㄥ	耳	17
熟	ㄕㄡˊ	火	15
森	ㄙㄣ	木	12

生字練習

訂正

生字	注音	部首	筆畫
困	ㄎㄨㄣˋ	口	7
竹	ㄓㄨˊ	竹	6
法	ㄈㄚˇ	水	8
瘦	ㄕㄡˋ	疒	15
頓	ㄉㄨㄣˋ	頁	13
桶	ㄊㄨㄥˇ	木	11
竟	ㄐㄧㄥˋ	音	11

生字練習

(一)填填看

智多星　開心果　飛毛腿　紅番茄　小天使

1. 妹妹是爺爺的（　　），常把爺爺逗得哈哈大笑。
2. 大強什麼難題都難不倒他，可以說是本班的（　　）。
3. 哥哥跑得可真快，好像一陣風似的，難怪是全校有名的（　　）。
4. 小美脾氣很好，又熱心幫助別人，所以大家都說她是（　　）。
5. 弟弟上臺說話時，突然發現自己的衣服穿反了，臉紅得像一顆（　　）。

(二)回答問題

1. 你認為狐狸是不是森林中的「智多星」？你的理由是什麼？

2. 課文最後一段，狐狸在葡萄園吃得肚子又圓又大，無法從竹籬笆鑽出來。你替他想了什麼方法呢？

十二 滴水穿石

訂正ㄉㄧㄥˋㄓㄥˋ 生字ㄕㄥㄗˋ							
堅 ㄐㄧㄢ	耐 ㄋㄞˋ	恆 ㄏㄥˊ	萬 ㄨㄢˋ	伯 ㄅㄛˊ	癢 ㄧㄤˇ	滴 ㄉㄧ	生字ㄕㄥㄗˋ 部首ㄅㄨˋㄕㄡˇ 筆畫ㄅㄧˇㄏㄨㄚˋ
土ㄊㄨˇ 11	而ㄦˊ 9	心ㄒㄧㄣ 9	艸ㄘㄠˇ 12	人ㄖㄣˊ 7	疒ㄔㄨㄤˊ 20	水ㄕㄨㄟˇ 14	

生字ㄕㄥㄗˋ練習ㄌㄧㄢˋㄒㄧˊ

訂正ㄉㄧㄥˋㄓㄥˋ 生字ㄕㄥㄗˋ							
懈 ㄒㄧㄝˋ	嘲 ㄔㄠˊ	夢 ㄇㄥˋ	般 ㄅㄢ	鐵 ㄊㄧㄝˇ	鋼 ㄍㄤ	硬 ㄧㄥˋ	生字ㄕㄥㄗˋ 部首ㄅㄨˋㄕㄡˇ 筆畫ㄅㄧˇㄏㄨㄚˋ
心ㄒㄧㄣ 16	口ㄎㄡˇ 15	夕ㄒㄧ 14	舟ㄓㄡ 10	金ㄐㄧㄣ 21	金ㄐㄧㄣ 16	石ㄕˊ 12	

生字ㄕㄥㄗˋ練習ㄌㄧㄢˋㄒㄧˊ

（一）部首(ㄅㄨˋ ㄕㄡˇ)練習(ㄌㄧㄢˋ ㄒㄧˊ)：寫(ㄒㄧㄝˇ)出(ㄔㄨ)同(ㄊㄨㄥˊ)部(ㄅㄨˋ)首(ㄕㄡˇ)的(˙ㄉㄜ)字(ㄗˋ)。

1. 手 部(ㄅㄨˋ)
↓
拔(ㄅㄚˊ)

2. 水 部(ㄅㄨˋ)
↓

3. 言 部(ㄅㄨˋ)
↓

4. 艸 部(ㄅㄨˋ)
↓

5. 火 部(ㄅㄨˋ)
↓

6. 辵 部(ㄅㄨˋ)

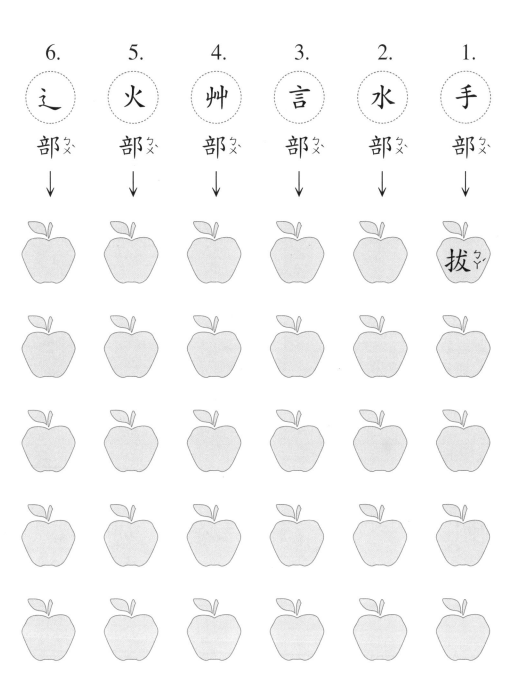

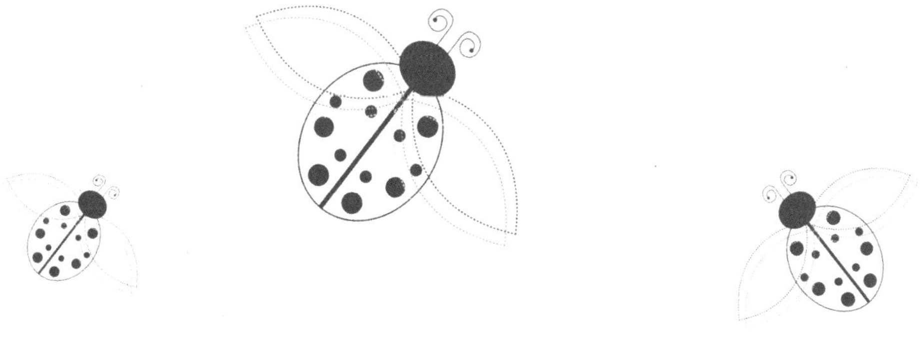

↓

(二)填字並造句

1. ◯水穿石：（　　）

2. 不◯示弱：（　　）

3. 努力不◯：（　　）

4. 風和日◯：（　　）

5. 名◯天下：（　　）

6. 千變◯化：（　　）

7. 南來北◯：（　　）

【全新版】華語習作A本第六冊

總 主 編：蘇月英
編撰委員：蘇月英、李春霞、胡曉英、詹月現、蘇　蘭
吳建衛、夏婉雲、鄒敦怜、林麗麗、林麗眞
指導委員：信世昌、林雪芳
責任編輯：胡琬瑜
美術編輯：兪智邦文化
封面設計：陳美霞
發 行 人：曾高燦
出版發行：流傳文化事業股份有限公司
地　　址：臺北縣 (231) 新店市復興路 43 號 4樓
電　　話：(02)8667-6565
傳　　眞：(02)2218-5221
郵政劃撥：19423296
http://www.ccbc.com.tw
E-mail:service@ccbc.com.tw
香港分公司◎集成圖書有限公司－香港皇后大道中283號聯威商業中心8字樓C室
TEL：(852)23886172-3・FAX：(852)23886174
美國辦事處◎中華書局－135-29 Roosevelt Ave. Flushing, NY 11354 U.S.A.
TEL：(718)3533580・FAX：(718)3533489
日本總經銷◎光儒堂－東京都千代田區神田神保町一丁目五六番地
TEL：(03)32914344・FAX：(03)32914345

出版日期：西元 2004 年 11 月臺初版（50040）
西元 2005 年 10 月臺初版四刷
印　　刷：世新大學出版中心

分類號碼：802.85.023
ISBN 957-29495-8-6

定　　價：60 元